幼儿园涂鸦活动指导

丛书主编　赵　宇
分册主编　王秋霞　宋清豪
分册副主编　丁　健
编　　者　陈思佳　于晓辉　章慧平
　　　　　高　军　梁百合　李奕霖

辽宁师范大学出版社
·大　连·

编者的话

提高学前教育质量的关键在于提高幼儿园教师队伍的专业素养。在教育部2012年颁布的《幼儿园教师专业标准（试行）》（以下简称《专业标准》）中，将幼儿园教师保教工作实践能力视为核心，作为评估业务水平的重要标志。因此，探索将《专业标准》中的教育理念与基本要求转化为具体的教育策略，提高幼儿园教师运用专业知识分析和解决教育实践问题的能力，对促进其专业发展具有重要意义。"幼儿园教师实践能力指导与培训丛书"（以下简称"丛书"）就是为了更好地贯彻《专业标准》和《3—6岁儿童学习与发展指南》（以下简称《指南》）而编写的。

"丛书"有三个突出的特点。一是主题性。"丛书"聚焦《专业标准》中环境的创设与利用、一日生活的组织与保育、游戏活动的支持与引导、教育活动的计划与实施、教师的反思与发展等专业能力，将其中的基本要求细化为各分册微主题，形成了主题化、系列化的丛书结构。二是实践性。"丛书"各分册内容力求做到精选专业知识和基本技能，凸显实践中的应用方法和常见问题的解决策略，通过提供系统的、丰富的实践经验和教育智慧，满足教师实际应用的需要，实现基于理论的实践指导。三是范例性。"丛书"提供了大量的实例、样例，这些文本、案例、问题情境等资源，为提高幼儿园教师的专业素养起到了借鉴、参考和示范的作用。

"丛书"既可作为幼儿园教师自主研修用书，也可用于实践能力培训课程，还可作为园本课程研发与使用资源。编写团队由具有多年研究和实践经验的研训教师及一线优秀教师组成，内容来源于幼儿园教育教学实践与研究成果，多次作为区域幼儿园教师培训课程使用并获好评。由于受编写时间和编者水平所限，书中若有疏漏和不足之处，敬请斧正。

编者

2022年10月

前　言

涂鸦是学前期幼儿的重要表达方式之一。它不仅是幼儿对于美的追求，更是幼儿自身发展的需要。简单的点、线、面组成的涂鸦作品能够传达幼儿内心的声音。涂鸦能够更自由地表达幼儿的情绪、情感和需求，将认知融入幼儿的现实生活，使其获取滋养灵魂的内在智慧。由此可见，涂鸦是特有的源于心灵的原态之术，是高于成规的自然之术。幼儿涂鸦不同于一般意义上的美术概念。其中的美，是指幼儿自主能动、乐于作为、不受成人审美取向所左右的、含有更多有益幼儿成长意味的感觉之美；其中的术，是不受构图、用色、透视、用光等法则制约的自主之术。

本书遵循《指南》中提出的"幼儿艺术领域学习的关键在于充分创造条件和机会"的建议，展示有趣、有爱、有所期待的涂鸦环境和多元化创意，连接大自然和生活经验的丰富材料，通过记录幼儿涂鸦过程、解读作品和展示成果，呈现幼儿万般精彩的童心世界和瑰丽多姿的童画梦想。希望此书能够通过对幼儿涂鸦活动的介绍和展示，让教师在真正走近涂鸦活动、认识涂鸦的同时，爱上涂鸦，关注幼儿，读懂幼儿，支持幼儿。

本书提供了30个幼儿涂鸦活动及作品案例，为教师开展小、中、大班涂鸦活动提供参考和借鉴，可作为幼儿园教师指导幼儿涂鸦活动的自主研修用书或培训课程教材，也可用于教师教育教学活动参考。

目录 Contents

第一章　幼儿涂鸦的基础知识 /1
　　一、幼儿涂鸦的概念 /1
　　二、《指南》背景下幼儿涂鸦新理念 /1
　　三、学龄前幼儿经历的三个涂鸦时期及其特点 /2
　　四、幼儿涂鸦的价值 /3

第二章　幼儿涂鸦活动的组织与实施 /5
　　一、涂鸦活动准备 /5
　　二、涂鸦活动组织 /11
　　三、涂鸦活动评价 /13

第三章　幼儿涂鸦活动示例 /16
小班
　　01 大泡泡小泡泡 /16
　　02 颜色碰碰车 /18
　　03 涂一涂、印一印 /20
　　04 盒子魔术师 /22
　　05 多彩的晕染 /24
　　06 好玩的珍珠棉 /26
　　07 我给瓶宝宝穿彩衣 /28
　　08 玩转木片 /30
　　09 水果网的魔力 /32
　　10 蛋托变变变 /34

中班
　　01 指尖乐趣 /36
　　02 布上涂趣 /38
　　03 变幻无穷的松塔 /40
　　04 百变杯子 /42
　　05 雪上的印记 /44
　　06 水的百变造型 /46
　　07 我和沙子做游戏 /48
　　08 神奇口袋 /50
　　09 叶子的重生 /52
　　10 线绳扭扭 /54

大班
　　01 透明的画布 /56
　　02 美丽的花盆 /58
　　03 多变的管子 /60
　　04 梳子变变变 /62
　　05 漂亮的蛋糕盒 /64
　　06 好玩的石头 /66
　　07 奇妙的玻璃 /68
　　08 漂亮的伞 /70
　　09 有趣的贝壳 /72
　　10 砖砖瓦瓦真好玩 /74

第一章 幼儿涂鸦的基础知识

一、幼儿涂鸦的概念

涂鸦一词，最早出现在唐朝卢仝的《示添丁》一诗中："忽来案上翻墨汁，涂抹诗书如老鸦。"该诗句描述其子乱写乱画顽皮之行。涂鸦中的"涂"，即随意地涂涂抹抹；"鸦"，各种颜色混杂的样子，"涂"和"鸦"合在一起有随意地涂画色彩之意。

幼儿涂鸦是指幼儿借由身体、手指和手臂的肌肉运动而勾勒不规则的点、线、面的行为。心理学家认为，涂鸦与幼儿的哭、笑等行为类似，是儿童对外部世界所有感觉的综合形象，经过心理和大小肌肉的活动而形成的"自由表现"。随着年龄的增长，幼儿的涂鸦行为会逐渐由无意的涂鸦变为有意的涂鸦，利用涂鸦作为手段表达内心情感。涂鸦不仅是幼儿艺术领域发展的常见活动，更是幼儿的另一种语言、一种精神活动，是其利用线条、图形等艺术要素表达自己对世界的理解和认识的活动。

二、《指南》背景下幼儿涂鸦新理念

艺术活动是幼儿精神生命活动的表现；艺术是幼儿感性把握世界的一种方式，是其表达对世界认识的另一种"语言"，具有促进幼儿向善与益智等价值。《指南》艺术领域中指出："幼儿艺术领域的学习关键在于充分创造条件和机会，在大自然和社会文化生活中萌发幼儿对美的感受和体验，丰富其想象力和创造力，引导幼儿学会用心灵去感受和发现美，用自己的方式去表现和创造美。幼儿稚嫩的笔触、动作和语言往往蕴含着丰富的想象和情感，成人应对幼儿的艺术表现给予充分的理解和尊重，不能用自己的审美标准去评判幼儿，更不能为追求结果的'完美'而对幼儿进行千篇一律的训练，以免扼杀其想象与创造的萌芽。"

由此可见，《指南》的精神崇尚幼儿在充分感受和发现的基础上更为个性化、自由化地进行艺术表达，对教师如何观察和支持幼儿的艺术活动提出了新的要求。在此背景下，幼儿涂鸦活动的理念也发生着变革。它不再是传统意义上的美术活动，而是幼儿心理的一种重要表征方式，要结合幼儿的年龄特点和生活经验，尽量挖掘幼儿的内心世界和独特发现，在适宜的环境、开放性的材料中展开，在活动中培养幼儿的想象力。作为教师，要以《指南》为导向，在和谐师幼关系中将艺术活动引向深入，并避免用"成人标准"去加以评价，激发幼儿的艺术情感和表达愿望，发展他们的良好个性，提高其表现和创作能力。

三、学龄前幼儿经历的三个涂鸦时期及其特点

大约12个月大的幼儿开始出现涂鸦行为,有些甚至更早。在学龄前阶段,幼儿分别要经历涂鸦期、象征期、图式期三个涂鸦阶段,每一阶段都有着各自的发展特点和规律。

3~3.5岁:3岁左右的幼儿处于涂鸦期阶段。他们能够用一支笔在一张纸、一张涂鸦毯或者一面墙上,一个接一个地画,而且很少想到更换画笔或者颜色。他们的涂鸦行为极为专注,是无意识的、自由的、随性的、不被任何人左右的涂抹写画行为。此时期幼儿涂鸦方式起初为线线涂鸦,随着幼儿动作灵活度提高、控制力增强,他们能在纸上画出多样性的圆圈线条、各种封口或不封口的圆形、复线圆圈、涡形线等。

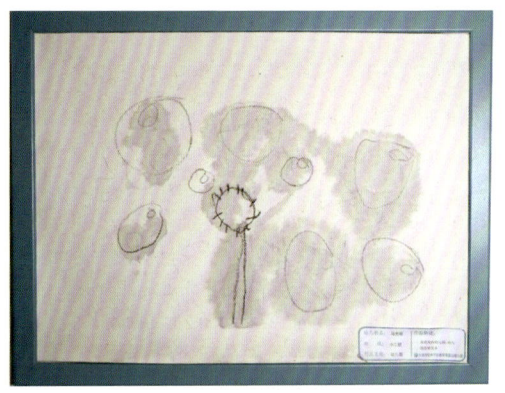

3.5~5岁:此阶段幼儿逐步开始有了独立的思维和想象,在动作发展上,他们已经开始能用手腕和手指力量进行绘画。这标志着他们的绘画发展进入象征期。4岁以后的幼儿往往会出现"边画边说"的现象,他们会对自己所画内容进行描述或给出特定的名字或讲故事,能够意识到自己所画的形象和事物之间的关系,并开始选择更为丰富的颜色,对画中的事、物进行空间排序,且表达内容的范围逐渐扩大。主要涉及的画面题材都是围绕其生活展开的,如人物、动物、交通工具、食物等。

5~6岁：5岁之后，幼儿涂鸦进入了图式期。这个阶段的儿童涂鸦才真正地涉及绘画的方法，他们也渐渐地懂得将自己感受的内容通过绘画表现出来，对于画面的解读也更容易被理解和看懂，不需要再进行语言的辅助性讲述。他们在色彩的认识上也越来越精细，能通过颜色来调整绘画的主题。在空间构图上他们能够按照主题作画，画面内容非常丰富，而且能够用空间关系突出画面的主体。

四、幼儿涂鸦的价值

无论幼儿处于哪个涂鸦阶段，涂鸦都是幼儿乐此不疲的快乐游戏。几乎所有的幼儿都喜欢用画笔来表现自己的喜怒哀乐，再现生活。涂鸦将幼儿丰富的情感都呈现在一幅画面上，满足幼儿感受美、发现美、创造美的需要，对于幼儿成长有积极意义。

（一）发展幼儿的审美能力

幼儿自主选择涂鸦材料、工具，自由地在纸上或涂鸦墙上留下快乐的线条、色块，感受线条变幻和色彩变化带来的美感，提升了审美能力，形成了独一无二的童年记忆。这种美是幼儿心智成长的希望之美，是美中之大美，是幼儿不可量化的自我成长或"发育"。

（二）发展幼儿的观察力

涂鸦的过程，其实就是一个体现幼儿观察结果的过程，同时也帮助幼儿加深对身边世界的观察、认识和了解。成人的鼓励、肯定、适时的指导都会提高幼儿的观察能力，也能够提升幼儿观察的主动性，促进幼儿涂鸦的表现性发展。

（三）发展幼儿的想象力

涂鸦是幼儿展开想象的手段，是幼儿表达想象的重要途径之一。幼儿期是培养幼儿想象力的最佳时期，幼儿创作的"超现实"涂鸦作品常常让我们为之惊叹。对于幼儿来说，想象力的培养要比掌握绘画技巧重要得多。

（四）发展幼儿的创造力

创造力是一种思维能力，它并不是漫无边际、天马行空式的创意，而是能提出问题、解决问题、创造新事物、适应环境的能力。幼儿能够通过随意的线条和斑斓的色彩自由想象和创造快乐，在此过程中，幼儿的创造能力能够得到极大提升。

（五）发展幼儿手眼协调的能力

手眼协调是指人在视觉配合下手的精细动作的协调能力。在大人眼里看似简单的涂鸦活动，对孩子来说却是多种能力的综合表现，首要的便是手眼协调能力。涂鸦活动的开展对于提高幼儿的手眼协调能力有极大的促进作用。

（六）提升幼儿专注力

年龄较小的幼儿很难集中精力完成一件事，但在涂鸦时，无论幼儿是否乖巧，只要一拿起笔都会变得安静起来，沉浸在创作过程中。涂鸦过程需要精神集中，对培养幼儿专注力有显著效果。

（七）发展幼儿的表达能力

涂鸦本身就是一种表达。涂鸦活动鼓励幼儿解读自己的作品，展示自己内心的想象或对身边世界的真实想法。在此过程中，我们感受着童心世界的秘密，幼儿的语言表达能力也随之发展。

第二章　幼儿涂鸦活动的组织与实施

一、涂鸦活动准备

因幼儿不愿受传统教法的拘束，渴望自由大胆的创意和表达，所以在环境创设和材料投放的时候应当基于幼儿、指向幼儿、关照幼儿，为幼儿创设一个温馨适宜的、属于自己的涂鸦天地，让他们自由涂画，展现自己小小的心灵和情绪，如此才有助于涂鸦活动的顺利开展。

（一）涂鸦环境创设

涂鸦环境的创设应坚持"儿童立场"，让每一寸涂鸦空间都是自由、开放的,让每个角落都能与儿童对话。

1.设置适宜的涂鸦空间

涂鸦环境的创设，能够为幼儿变幻出一个释放灵感、自由挥洒的童话世界。涂鸦环境的创设应尽可能宽松、自由，连接自然。如随手可画的涂鸦长廊，便于集体创作的大型涂鸦墙，取材于自然的户外沙池、雪地等。让环境激发幼儿创造，支持幼儿自由表达，让他们展开想象的翅膀，用自己的方式去表现和创造美。

室内涂鸦区域

室外涂鸦墙

室外涂鸦长廊　　　　　　　　　　　　室外涂鸦区域

2.设置取放自如的展示区域

幼儿渴望在幼儿园看到自己的作品，教师应合理利用空间，展示每一个幼儿的作品，让他们能够在不同区域中找到自己创作的作品。本着方便幼儿取放、欣赏的原则，根据不同作品的不同形式，建构作品展示区域。如抽取式展示架、立体作品方格展示架、大型展示墙等，要让展示幼儿作品的地方不仅仅是一个展示区，更像是一个艺术馆，使之成为幼儿获得自主、自信发展和美美与共、美感互鉴的重要区域，从而提高幼儿的自信心、成就感，激发其继续创作的热情。

半遮掩式展示架

抽取式展示架

立体作品方格展示架

（二）涂鸦材料和工具投放

1.投放丰富多彩的涂鸦材料

幼儿涂鸦活动材料投放是将活动理念和活动目标物化在材料中，为活动开展提供依托。除了传统的纸张、画笔等，还应注重投放材料的包容性、生活性、便利性和安全性，让幼儿了解涂鸦材料的多样性和多玩性，让材料与环境共鸣共振，产生互动。要充分利用生活和自然中的各种材料，拓展幼儿对涂鸦材料使用和发现的能力。如投放可移动涂鸦板、涂鸦毯等专用材料，树叶、木片、沙子等自然材料，包装袋、泡沫块、PVC管等生活材料，支持幼儿灵感的充分表达。分类、分量投放各区域的材料，调动与激励幼儿在与材料积极、主动的互动中获得自主、有效的发展。

专用材料类

涂鸦板　　　　　　　　　　涂鸦墙

涂鸦笔　　　　　　　　　　小毛笔

涂鸦纸张

涂鸦毯

自然材料类

树叶

松塔

木片

沙子

生活材料类

手提袋

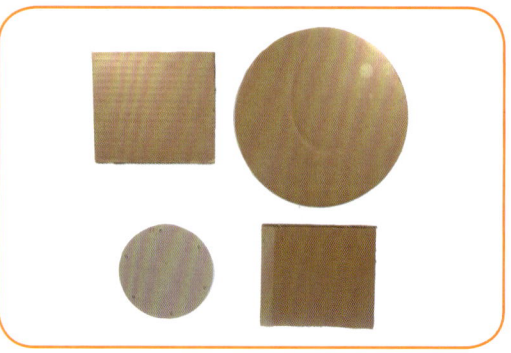

纸壳板

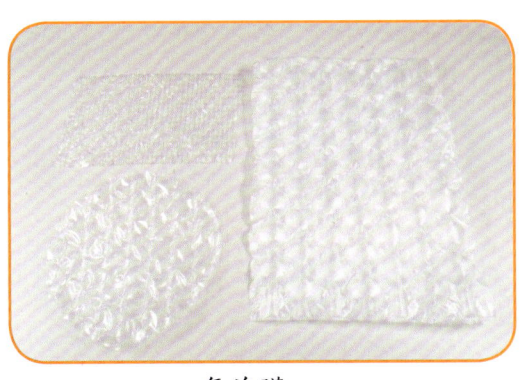
气泡膜

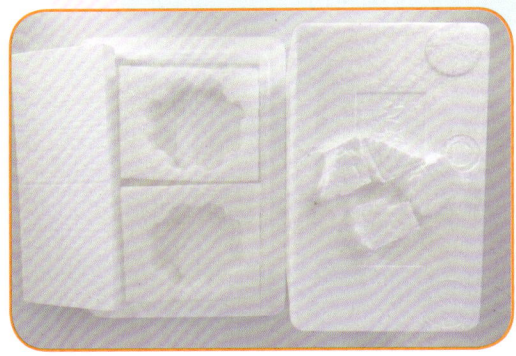
泡沫

PVC管

保鲜膜

2.配备完备的涂鸦辅助工具

随着涂鸦能力的提升,幼儿渐渐会组合使用多种材料进行涂鸦,展现出"美工游戏"的倾向。在工具的投放上,应该注重这一倾向准备工具。

手工工具:剪刀、胶棒、双面胶、透明胶、乳白胶、打孔器、装订器等。

手工工具架

涂鸦活动中幼儿避免不了与各种颜料、画笔亲密接触。为了能让幼儿全身心投入涂鸦游戏中,涂鸦游戏区域应设置在有水源的地方,并配备相应的工具,方便幼儿取水和盥洗。同时应该为幼儿配备外罩衣、清洁工具等防护装备。解除幼儿的后顾之忧，让他们投入到无拘无束的创作中。

清洁防护工具：外罩衣、小抹布、水桶、清洗池等。

清洁工具

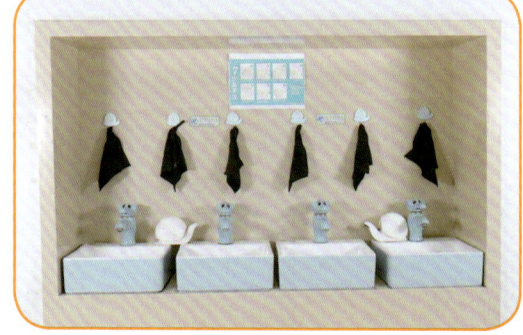

清洗池

外罩衣

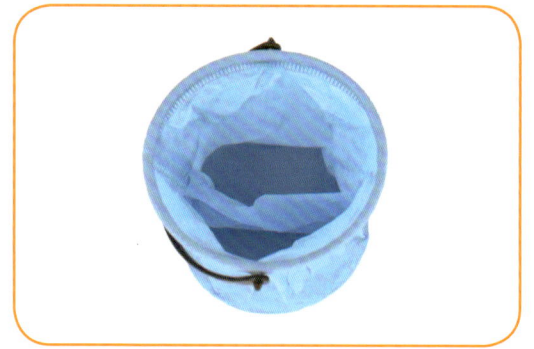

水桶

（三）做好幼儿经验储备工作，构建和谐师幼关系

1.丰富幼儿生活经验

教师可以直接引导幼儿或指导家长带幼儿接触自然和社会，观察生活中的种种事物，如下雨、刮风、点蚊香、绕毛线、小动物等，来丰富他们的生活经验，拓展思维空间。同时，在日常生活中有意识地引起孩子对物体色彩的关注，如绿色的、红色的、黄色的树叶，蓝色的天空，彩色的烟花等，增强幼儿对颜色的敏感度，培养幼儿对涂鸦的兴趣，鼓励幼儿用涂鸦的形式再现生活。

2.构建和谐师幼关系

教师是幼儿涂鸦活动的支持者、观察者、陪伴者、引导者，也是幼儿解读涂鸦作品的重要倾听者。因此，构建和谐融洽的师幼关系，有利于幼儿在有教师参与的环境中保持身心舒展，放开手脚自由创作。教师应坚持儿童本位，摒弃成人标准，成为幼儿可信赖的伙伴、朋友，以欣赏的姿态和眼光，为幼儿营造宽松的心理环境，让幼儿积极投入到涂鸦活动中。

二、涂鸦活动组织

涂鸦活动的组织主要有两种形式：一种是由教师发起的有主题的活动；另一种是幼儿自主开展的，多为无主题活动。教师应该把握参与活动的适宜性，按以下流程开展。

（一）主题涂鸦活动

1. 教师激趣导入

教师围绕涂鸦主题进行导入，以讲故事、看视频、做游戏等形式为幼儿讲解活动内涵，介绍提供的材料，明确创作方向，引发幼儿的涂鸦兴趣。

2. 幼儿选择任务

请幼儿表达由导入环节产生的创意和想法，并说出想要创作的初步思路、主要内容和所需材料等。

3. 幼儿穿戴衣具

根据创作所需材料和所处环境，教师视具体情况指导幼儿穿戴好防护衣具，便于幼儿全身心投入创作。

4. 幼儿选取材料

教师指导幼儿选取涂鸦材料，同时介绍活动注意事项，如注意安全、讲究卫生、节约材料等。

5. 教师巡回指导

涂鸦活动中，教师需进行巡回指导，观察幼儿的涂鸦行为，回应幼儿的需求，在必要时介入指导。

6. 指导整理材料

涂鸦活动结束后，指导幼儿整理材料，物归原处，便于幼儿在下一环节中集中注意力，同时有利于教师的活动组织。幼儿自主将材料归位也有利于其常规习惯的培养。

7.幼儿解读分享

幼儿涂鸦带有很大的随意性,有的成人根本看不懂,通常要幼儿通过动作和语言来补充说明所画的内容。教师要倾听幼儿关于涂鸦的解读与其思维的内在关联,并以适宜的方式记录幼儿解读的关键词,以便进一步了解幼儿,支持其发展。

(二)自主涂鸦活动

1.认知涂鸦环境

幼儿自主涂鸦活动常在自然开阔的、非常规的环境中展开,因此在活动前需要向幼儿介绍涂鸦环境,帮助幼儿认识涂鸦材料,便于幼儿有效运用。

2.穿戴防护衣具

自主游戏更能激发幼儿的创作热情,教师视具体情况指导幼儿穿戴好防护衣具,便于幼儿全身心投入创作。

3.自主开展游戏

幼儿根据自己创作需要选取涂鸦材料。教师应介绍活动注意事项,如注意安全、讲究卫生、节约材料等。

4.教师巡回观察

教师选用适宜的观察方法,对幼儿的创作行为进行观察。在幼儿需要帮助时,适时予以回应、支持,尽量不干涉幼儿的创作进程。

5.指导整理材料

涂鸦活动结束后,教师指导幼儿整理材料,物归原处,便于幼儿在下一环节中集中注意力,同时有利于教师组织活动。幼儿自主将材料归位也有利于其常规习惯的培养。

6.幼儿解读分享

幼儿展示自己的作品,并逐一进行作品解读。教师要倾听幼儿关于涂鸦的解读与其思维的内在关联,以适宜的方式记录幼儿解读的关键词,以便进一步了解幼儿,支持其发展。

美国美术教育家罗恩菲尔德主张,在教育教学中,教师不应该对幼儿进行过度的指导,而应向幼儿提供更多的自我表现的机会,让幼儿以与众不同的方式表达其独特的思想和情感,借以树立起自我表现的信心。如果教师在教学过程中过度地干预幼儿的绘画表现,将会导致幼儿自由表现能力萎缩。因此,无论哪种组织形式的涂鸦活动,教师都应"管住嘴,管住手",退后观察,认真倾听,给幼儿足够宽松的创作环境。

涂鸦不但是动手的艺术,也是用来听、用来说的艺术。涂鸦绘画是孩子与教师、孩子与家长之间沟通的桥梁,理解尊重孩子们的艺术表现,就等于打开了与孩子对话的新窗口,也为儿童的想象力和创造力插上了强有力的翅膀。

三、涂鸦活动评价

涂鸦活动展现着幼儿的意志品质、思维能力、创作能力与表征能力。对幼儿的涂鸦活动进行评价有助于教师发现幼儿、了解幼儿、支持幼儿，进一步提升活动效果。涂鸦活动评价主要从过程性评价和完成性评价两个方面开展。

（一）过程性评价

在涂鸦活动中，幼儿的创作兴趣、专注程度、活动常规等都是教师应该观察的重要指标。观察幼儿涂鸦时表现出来的品质，能够让教师更有针对性地开展指导，有的放矢地加以支持，发展幼儿相应方面的能力。

教师可以通过观察记录表，记录幼儿的涂鸦过程。

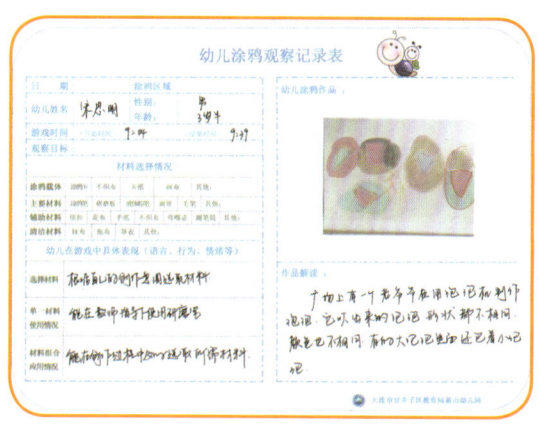
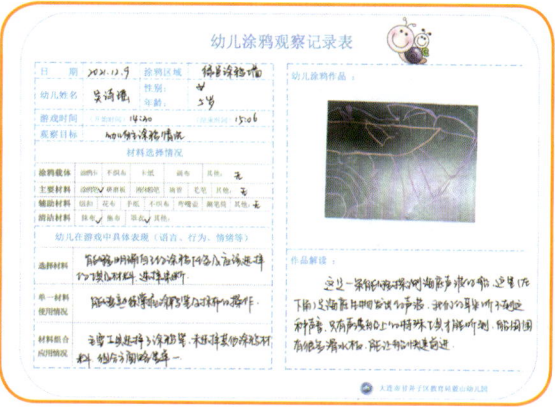

（二）完成性评价

完成性评价，即通过幼儿的涂鸦作品，来分析幼儿的偏好和想法。这实际上是在幼儿分享的基础上，对作品的二次解读，教师可以此了解幼儿的心理特质和兴趣偏好。

幼儿在语言表达能力和文字书写能力尚未充分发展的情况下，能够通过涂鸦来表达自己的想法，讲述自己的感受和发现。教师应该透过幼儿作品，根据其用色、构图等对幼儿的表征内涵进行深层次解读。要透过涂鸦的表象去探视幼儿内心世界的天真本性，必须要能够看懂、解读幼儿这种倾吐内心的特殊语言。在此过程中，要坚信幼儿的作品没有好坏之分，只有创作背景及前期经验的不同。

1.颜色的选取

不同的颜色通常能够给人不同的感官体验,经常选用某一种颜色进行涂鸦往往也能反映出幼儿内心的性格取向。观察分析幼儿对颜色的选取使用情况,能够帮助我们大致分析幼儿的性格特点。

颜色选用	传达信息
充斥着大量的黑色	焦虑的信号
多以红色和橙色为主	欢快活泼,同时害怕攻击性
颜色杂乱,经常将不同颜色混在一起	暴躁易怒,思维跳脱
使用冷色和暗色,对紫色有偏好	情感细腻,多愁善感
色彩单薄,对黄色和蓝色有所偏爱	沉稳的性格,或较为压抑
……	……

2.笔触和细节的描绘

由于个性的不同,幼儿在涂鸦过程中的笔触各有差异。他们对涂鸦作品都会有一定的细节描绘。观察和解读幼儿的涂鸦作品一定不能漏掉对笔触和细节的关注和解读,它们往往能够折射出幼儿心里深层的"小秘密"。

笔触和细节描绘	传达信息
笔触轻柔	个性敏感
笔触有力	精力旺盛,富有安全感
带有角度和棱角的线条	性格较为内向、紧张
反复修改的痕迹和犹豫不决的笔触	小心翼翼,害怕犯错
圆圈涂鸦较多	适应性强
虚线较多	心思细腻、多愁善感
线条是不确定的、犹豫的、非延展的	胆怯
非常有力的点	有情绪失控的可能
……	……

3.作品的位置

纸张、涂鸦毯等都是重要的创作载体。在这类常见的有边界的创作空间中，涂鸦作品所呈现的位置不但能传达幼儿性格特征的信息，也能映射出幼儿对这个世界的接受程度。因此，我们也可以多试着从作品的位置来解读幼儿。

作品的位置	传达信息
用画圆的动作将整张纸填满	外向型气质、适应能力强
毫无规律地占满创作空间	容易激动
占据创作空间的中心位置，进行离心式填充	富有戏剧性
占用创作空间很小，创作的主体仿佛挂在边缘	情感细腻，多愁善感
最小化占用空间，偏爱左侧空间	小心翼翼，胆怯
……	……

这里要说明的是，虽然涂鸦作品的颜色、笔触与细节和位置都可以成为了解幼儿内心的工具，但是不要只根据以上几点判定幼儿的心理状态，应以幼儿实际表现为主，将上述三项评价内容作为参考，不能陷入误区。

第三章 幼儿涂鸦活动示例

小班 01 气泡膜涂鸦

大泡泡小泡泡

⭐ **价值经验**

我们经常在各种包装箱中见到大小不同的气泡膜，将其引入涂鸦活动中，让气泡膜在孩子们的涂画、滴流、渲染中生动起来。厚一点的颜料可以直接涂在气泡膜上，稀薄一点的颜料可以采用滴流的方式自由挥洒，体验创意涂鸦。

⭐ **工具材料**

⭐ **创意体验**

选择自己喜欢的颜色在气泡膜的凸起面自由涂鸦。

使用流动性较强的颜料，在气泡膜上自由挥洒。

画语童言

这是满满一大盒子的棒棒糖,有各种口味,粉色是草莓味的,黄色是香蕉味的,橙色是橘子味的,怎么吃都吃不完。

小鱼在水里游泳,东看看西看看,还在吐泡泡,原来是和好朋友打招呼呢。

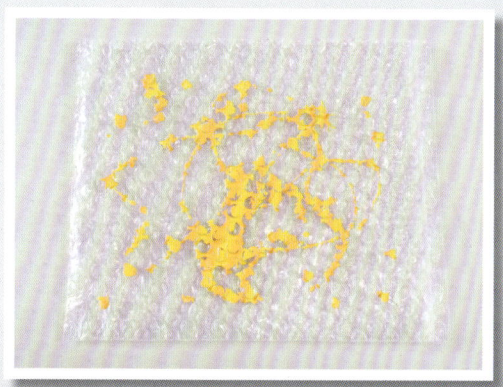

大风来了,把操场上的小朋友吹得转圈圈了,但是一点也不晕,大家都哈哈笑。

草地上铺满了蒲公英,小朋友们都来吹蒲公英,"呼"一下,蒲公英就飞走了。

 观察支持

　　给幼儿准备形状、大小不同的气泡膜,让能力强的幼儿自主剪出所需要的形状后进行涂鸦。气泡膜较软,幼儿在涂鸦时可能会有困难,建议在涂鸦前用胶带将其固定,并提醒幼儿涂鸦时要用左手压着。滴流涂鸦时,引导幼儿观察颜料的流动性,对于小班幼儿,建议先尝试平面滴流,不急于将软软的气泡膜举起来。

小班 02　纸板涂鸦

颜色碰碰车

⭐ **价值经验**

随处可见的纸板从其硬实、平整、方便裁剪等特性深受幼儿活动的青睐。幼儿利用身边的各种材料、工具等在纸板上进行绘画、拓印、滴流等多种形式的创意涂鸦游戏，体验纸板涂鸦的乐趣。

⭐ **工具材料**

⭐ **创意体验**

用小车的轮子蘸取颜料，在纸板上滚出车辙印。

在纸板上滴上颜料。　　　　　上下、左右摇动纸板。

画语童言

小汽车送快递，在城市里跑到东跑到西，把大家的快递都送到家了。

这是我爸爸的一大串钥匙，可以打开很多门，我们家的大门、爸爸办公室的门，还有游乐场的门呢。

龙卷风来啦，呼噜呼噜地就把地上的叶子卷起来了，好像在和叶子玩跳舞游戏一样。

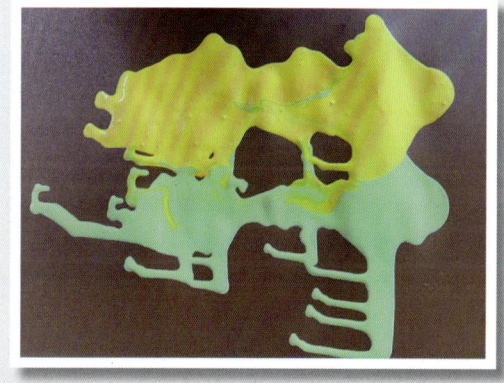

一只黄色的小狗和一只绿色的小狗是好朋友，手拉手在公园里玩秋千。

观察支持

车轮画建议选择轮胎纹理清晰、橡胶质地的小车，同时颜料不要太稀，这样更容易形成清晰的车辙印。幼儿在操作小车时，教师可以引导幼儿观察车轮滚成画的现象。滴流涂鸦时，注意指导幼儿通过把控纸板的倾斜度来控制颜料滴流的速度，尽量不要把颜料滴落在桌面上，可以在桌上铺一张报纸。引导幼儿通过观察纸板上颜料的多少和浓度来决定画面的大小。对于能力强的幼儿，可以引导他们根据喜好将纸板裁剪成不同形状、大小。

小班 03　泡沫涂鸦

涂一涂、印一印

 价值经验

　　泡沫箱、泡沫板、泡沫块在生活中通常用于包装，当幼儿用涂画、滴流、拓印等形式进行涂鸦创作时，泡沫便焕发了新的生机。可以在泡沫板上、泡沫箱的各个面滴上颜料后进行自由涂鸦；还可以调制流动性较大的颜料，用甩、滴等动作在泡沫板上自由挥洒颜料；或者自由选择泡沫块，蘸取颜料进行拓印。

 工具材料

 创意体验

选择流动性强的颜料，自由挥洒。

 在泡沫板上滴颜料。  绘制图画。

泡沫块蘸取颜料进行拓印涂鸦。

在涂色后的泡沫块上绘制图画。

选择喜欢的方式在泡沫箱的各个面上涂鸦,如绘制图画、刮动颜料、滴流涂鸦等。

画语童言

我最喜欢滑板车了,这就是我骑滑板车飞过广场的样子。

冬天要来了,小松鼠把松果搬回了它的家,这样它就可以和妈妈一起在树洞里吃松果了。

这是一个漂亮的小公主,她的名字叫彩虹,因为她身上是彩虹的颜色。彩虹公主最喜欢帮助别人了。

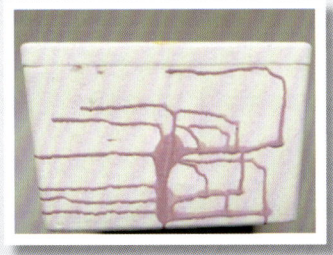  

这是一只神秘的百宝箱,里面全是我喜欢的玩具。小朋友喜欢什么,它就会变出什么来。

爸爸告诉我真的有外星人。你看,外星人来了,他们坐着飞碟来了,我们也可以和外星人做朋友。

⭐ **观察支持**

在幼儿进行泡沫涂鸦时,建议将泡沫板进行固定或在泡沫板下垫报纸,引导幼儿左手压着泡沫板,右手涂鸦;提醒幼儿观察周围的材料和工具,鼓励幼儿用不同的工具在泡沫板上进行创意涂鸦;在滴流涂鸦时,指导幼儿根据泡沫的大小控制滴流的范围;在立体涂鸦时,指导幼儿注意对已涂颜色面的保护。在涂鸦过程中,幼儿可能会频繁更换颜料,开始时,同一活动中提供的颜料颜色不要超过4种。

小班 04　纸盒涂鸦
盒子魔术师

 价值经验

将生活中大大小小的纸盒、纸箱和各种工具材料结合使用进行涂鸦，能支持幼儿丰富多彩的创意。利用刮动、旋转卡片等涂鸦方式，可以让幼儿体验不同的纸盒涂鸦乐趣；而在纸盒内或纸盒外进行绘画，则又体验了立体作画。

 工具材料

   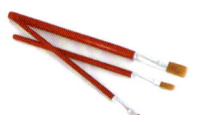  

 创意体验

在纸盒内挤入颜料。　　　　　　用卡片从各个方向刮动颜料。

在盒子内刷上喜欢的颜色。　　　绘制图案。

画语童言

花园里,各种颜色的花都开了。小朋友们一起来看花,闻一闻,好香啊。

霸王龙来了,它很凶猛,其他恐龙一看见它就赶快逃走了。

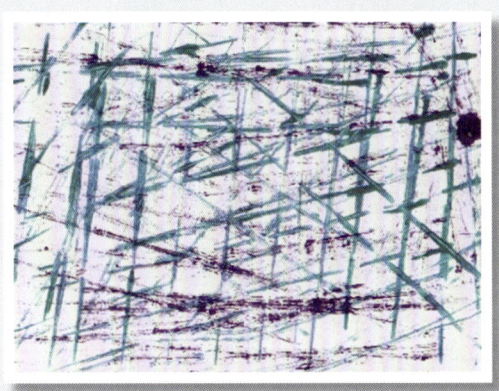

小车来来回回跑得真快呀!小朋友们坐在车上观光游览,可真高兴。

我在奶奶家养了一只小猫,给它准备了漂亮的公主房,小猫住在里面可开心了,我还放了它爱吃的饼干。

 观察支持

　　卡片涂鸦时建议使用硬质的卡片,同时提醒幼儿一只手要使劲压着卡片刮动颜料,另一只手扶着纸盒确保不来回移动。在纸盒外进行滴流涂鸦时也要注意颜料的厚薄,既要能够流动但又不能流动太快,要方便幼儿控制。鼓励幼儿发现并使用身边的各种工具材料进行纸盒涂鸦。

小班 05 　纸巾涂鸦
多彩的晕染

⭐ **价值经验**

纸巾是常见的生活用品，当幼儿用其进行涂鸦创作时，纸巾的吸水性会使纸巾涂鸦呈现出独一无二的涂鸦效果。除可以在纸巾上滴颜料进行创作外，还可以使用喷壶等工具在纸巾上喷洒，感受颜料晕染、纸巾变色以及不同材料叠加使用的涂鸦效果，体验创意涂鸦的乐趣。

⭐ **工具材料**

⭐ **创意体验**

稀释颜料，用滴管吸取，滴在纸巾上进行涂鸦。

稀释颜料，用喷壶在纸巾上进行喷洒涂鸦。

画语童言

这是我家小区的花园，开满了五颜六色的花，很漂亮，吸引了很多人去看花。

我画了两只小熊，它们俩是好朋友，在一起玩游戏，就像我和幼儿园里的好朋友一样。

这是星海广场的喷泉，有颜色的水花洒的到处都是。

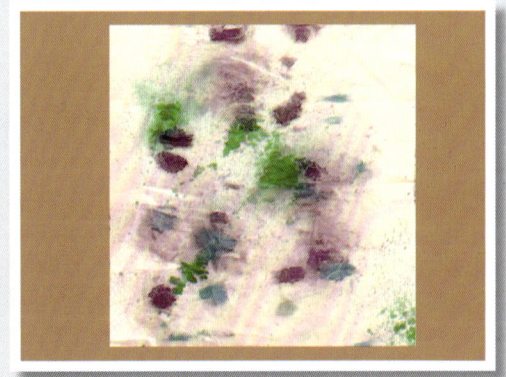

这是我最爱吃的葡萄干，有紫葡萄干，有绿葡萄干，还有黑葡萄干。

 观察支持

教师要提醒幼儿关注颜料的稀释程度，让幼儿感知水加得越多，颜色变得越淡。建议幼儿不要加过多的水，要在保证纸巾完整性的前提下，既能达到不同色彩之间的晕染融合效果，又能呈现出颜料原本的色彩。根据纸巾的吸水性，教师可以与幼儿共同探索更多的涂鸦玩法，比如将纸巾折叠，在不同的位置上滴上不同颜色的颜料；用夹子夹住纸巾的不同位置，再滴上颜料等。

小班 06 珍珠棉涂鸦
好玩的珍珠棉

 价值经验

珍珠棉是生活中常见的物品，是环保的低结构材料。幼儿可以选择不同大小、颜色、形状、薄厚的珍珠棉，学会运用多种方法在珍珠棉上涂鸦，感受它软软的、光滑的特性，体验涂鸦创作的快乐。

 工具材料

 创意体验

将珍珠棉放在桌子上铺平，选择喜欢的颜色在珍珠棉上涂鸦。

画语童言

大船在海里捕鱼。

树上有好多红苹果！

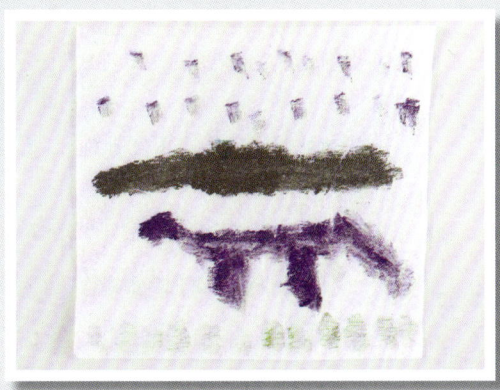

下雨啦，斑马在草地上吃草。

下了好多雪，我和妈妈在滑雪。

 观察支持

  观察幼儿是否愿意在珍珠棉上进行涂鸦活动；指导幼儿将珍珠棉裁剪成需要的大小，观察幼儿能否正确、安全地使用剪刀，如有需要，教师可以给予适当的支持和指导；指导幼儿在珍珠棉下面铺上报纸或粘布，引导幼儿一手按住珍珠棉，一手进行涂鸦游戏；引导幼儿观察周围的工具和材料，鼓励幼儿选择自己喜欢的工具进行涂鸦游戏；在幼儿进行涂鸦游戏时，引导幼儿使用自己喜欢的颜色大胆创作，启发幼儿发挥想象力。涂鸦后聆听幼儿对作品的解读并记录。

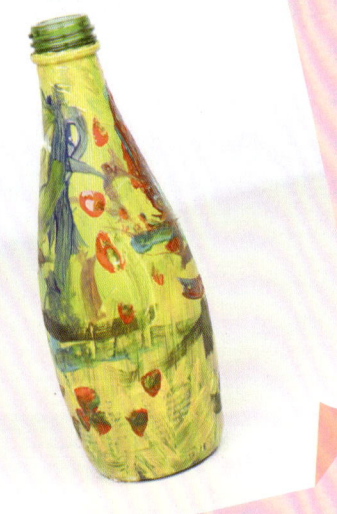

小班 07 瓶子涂鸦

我给瓶宝宝穿彩衣

⭐ **价值经验**

　　瓶子在生活中随处可见，将其清洗干净后，也可以进行涂鸦游戏。幼儿可以选择材质不同、大小不一、颜色各异、透明或不透明的瓶子，在瓶子上用多种颜色大胆涂鸦，学会给瓶子涂上底色，并在瓶子上添画，感受废物利用和瓶子涂鸦带来的乐趣。

⭐ **工具材料**

⭐ **创意体验**

选择自己喜欢的颜色。　　　　　　　　　　　随意涂鸦。

将瓶子涂上自己喜欢的颜色。

在瓶子上随意涂鸦。

画语童言

妈妈衣服上面的图案真漂亮。

海底有好多漂亮的珊瑚和水草。

夏天太热了，都给大地晒红了。

大树上长了好多苹果。

 观察支持

建议幼儿涂鸦之前在瓶子底部铺上报纸或粘布。指导幼儿给瓶子涂鸦时，一手轻轻扶住瓶子顶部，一手进行涂鸦游戏，观察幼儿在瓶子涂鸦游戏中手部动作的发展；指导幼儿一手轻轻转动瓶子，一手可以用连续不断的线条进行涂鸦，鼓励幼儿大胆表达内心的想法。观察幼儿能否保持涂鸦桌面和地面的卫生，使用后的材料是否归位。

小班 08　木片涂鸦

玩转木片

⭐ **价值经验**

木片源于自然，是幼儿活动常见的材料，有圆形、椭圆形等不同形状，也有不同薄厚之分。幼儿可以选择自己喜欢的木片，学用不同形状的木片进行拼搭、组合，尝试用简单线条和图案，创意涂鸦，挥洒想象力和创造力。

⭐ **工具材料**

⭐ **创意体验**

将木片涂上自己喜欢的颜色。

在木片上大胆涂鸦。

先将木片拼摆成自己喜欢的样子，再进行创意涂鸦。

可选择形状不同的木片进行拼搭，再将拼搭好的作品涂上自己喜欢的颜色。

画语童言

小兔子在草地上吃草,真开心。

我想有个七色花,帮我实现好多愿望。

小蜗牛在晚上走路会发光,一闪一闪的。

这个机器人有很多颜色,还可以和我一起玩。

⭐ 观察支持

要注意幼儿在木片涂鸦时的安全,尽量挑选光滑的木片;指导幼儿将木片拼摆、组合后进行涂鸦,观察幼儿能否综合运用多种材料进行涂鸦;观察幼儿能否主动想办法解决创作中的问题,如果幼儿未能解决需要帮助,教师可以给予适当的支持;指导幼儿根据木片的形状,思考自己涂鸦的图案。引导幼儿发挥想象力和创造力,鼓励幼儿大胆创作,并将自己的作品表达出来。涂鸦结束后,观察幼儿能否把工具和材料归位。

小班 09 水果网涂鸦
水果网的魔力

 价值经验

水果网是幼儿生活中较熟悉的废旧材料，较容易收集。幼儿可以自由、自主地选择颜色、大小各不相同的水果网，根据水果网纹路的特征随意组合，还可以用拓印、添画等方法在水果网上涂鸦，感受涂鸦的快乐。

 工具材料

 创意体验

将水果网铺到纸上，选择自己喜欢的颜色。

在水果网上进行大胆涂鸦。

画语童言

幼儿园的滑梯上面有洞洞。

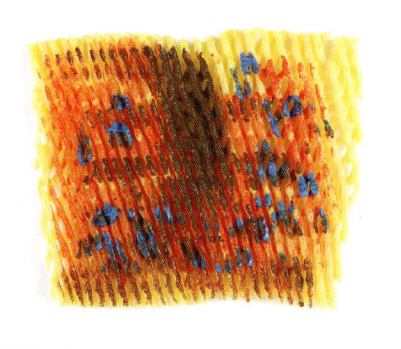

我和爸爸在奶奶家收了可多花生呢。

我放假的时候去东港喂海鸥啦!

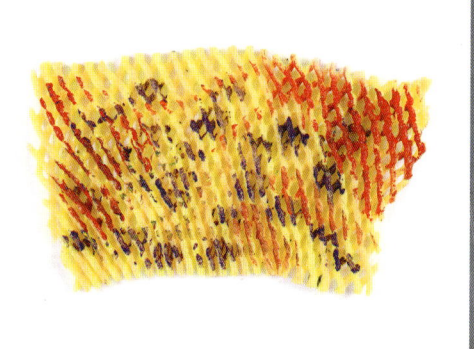

太阳出来了,小紫花开了。

 观察支持

水果网有空隙,涂鸦前,在水果网下面铺上报纸或粘布;水果网柔软易变形,引导幼儿一手按住水果网,一手进行涂鸦游戏;指导幼儿将水果网裁剪成需要的大小,观察幼儿能否用剪刀裁剪水果网,如果不能,教师可以给予适当的支持和指导;观察幼儿在涂鸦过程中,能否发现颜料用量影响色彩的变化;引导幼儿观察周围的工具和材料,鼓励幼儿选择自己喜欢的工具进行涂鸦游戏,促进幼儿想象力和创造力的发展。

小班 10　蛋托涂鸦
蛋托变变变

⭐ **价值经验**

蛋托不仅是生活中比较常见、易收集的低结构材料，也是环保、简约、实用的涂鸦材料。蛋托的形状、大小方便幼儿取放；蛋托用途广泛，它的正反两面都可以让幼儿尝试用简单线条和图案随意涂鸦；蛋托易操作、不易变形，幼儿可根据自己涂鸦的需要，撕剪蛋托进行拼图、组合，激发幼儿的无限创意。让幼儿体验在废旧蛋托上涂鸦的乐趣。

⭐ **工具材料**

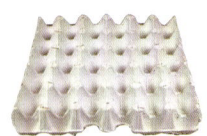    

⭐ **创意体验**

将蛋托涂上自己喜欢的颜色。

在蛋托上进行大胆涂鸦。

画语童言

这是我姥姥给我做的小被子。

我吃的葡萄又甜又大。

这些彩虹糖有橙子味的、草莓味的、苹果味的,还有葡萄味的。

鸡蛋打碎了,蛋黄和蛋清到处都是。

观察支持

在涂鸦蛋托时,教师可指导幼儿将蛋托裁剪成需要的大小,或者鼓励幼儿用手撕成自己需要的形状;观察幼儿在裁剪蛋托或者撕蛋托的过程中是否需要帮忙,如有需要,教师可以给予适当的支持和指导;指导幼儿涂鸦前在材料下面铺上报纸或粘布,引导幼儿一手按住蛋托,一手进行涂鸦游戏;观察幼儿能否在已有的涂鸦经验的基础上,大胆使用新材料,创作不同的作品;引导幼儿观察周围的工具和材料,鼓励幼儿选择自己喜欢的工具进行涂鸦游戏;幼儿在蛋托上进行涂鸦游戏时,观察他们能否使用自己喜欢的颜色,大胆创作;鼓励幼儿可以在蛋托凸出的地方进行涂鸦,启发幼儿发挥想象力。

中班 01 保鲜袋涂鸦
指尖乐趣

⭐ **价值经验**

告别传统的纸面涂鸦，用指尖来代替画笔，感受色彩在保鲜袋里混合交织的涂鸦乐趣。点点、捏捏、滑动、揉搓，用不同的手法在保鲜袋上进行涂鸦。因保鲜袋具有良好的密封性，可在袋子里挤上颜料用来作背景颜色，在袋子外层用马克笔进行创意涂鸦，感受自由玩色的乐趣。

⭐ **工具材料**

⭐ **创意体验**

选择自己喜欢的颜色，用雪糕棍取适量颜料放入保鲜袋内。

尽可能地将保鲜袋里的空气排空，然后将保鲜袋封口封好。

用小手将保鲜袋内的颜色混合成自己喜欢的效果。

 画语童言

今天天气很好,太阳红红的,鸭妈妈带着小鸭子在池塘里吃海藻。

海底深处有火山,里面有很热的熔浆在流动,等到火山喷发的时候,熔浆就会被喷到天上。

霸王龙和翼龙在打架,霸王龙张大嘴巴喷火啦。

这是无人机在天上拍的照片,蓝色的是大海,绿色的是森林。

⭐ **观察支持**

为了提高混色的效果,选取的颜料不宜太稀。可以将颜料和少量清水混合,装入保鲜袋内,密封好,让幼儿在其表面进行涂鸦。在幼儿进行涂鸦创作时,鼓励幼儿大胆用色,尝试用不同的手法进行创作,探索不同手法呈现出的不同效果。

中班 02　布料涂鸦
布上涂趣

⭐ **价值经验**

　　穿旧的衣服、破损的布包、褪色的床单，这些生活旧物通过涂鸦改造，会呈现出新的面貌。可以选用刷子、印章等工具在布料上进行设计、涂鸦，还可以将布料裁剪、拼贴、造型装饰后进行涂鸦创作，从中获得布料涂鸦的乐趣与成就感。

⭐ **工具材料**

⭐ **创意体验**

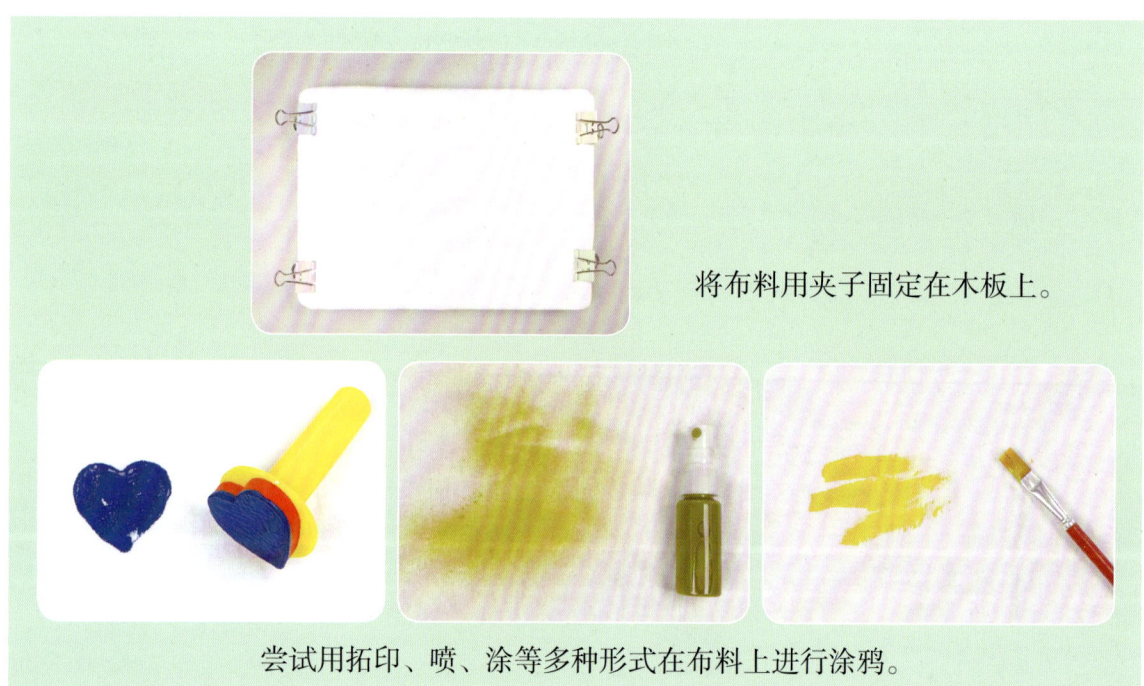

将布料用夹子固定在木板上。

尝试用拓印、喷、涂等多种形式在布料上进行涂鸦。

画语童言

秋天来了,树叶开始变颜色,很多树叶都变成了黄色,从树上掉下来。

火山爆发,岩浆喷发,喷在天上,喷在地上,绿色是魔法大树,能熄灭岩浆。

这是我做的蔬菜沙拉。妈妈最近减肥,经常在家吃蔬菜沙拉,里面有生菜,还有紫甘蓝,但我还是喜欢吃肉。

天上飞着很多风筝,有很长很长的龙的图案,还有大船形状的。

观察支持

不同的布料柔软度不同,教师引导幼儿创作之前,要将布料展平并用夹子固定好。提醒幼儿注意控制水量,鼓励幼儿选择不同颜色的布料进行涂鸦,布料可以用作底衬,也可以用作材料;可以用颜料来装饰布料,增加作品的层次感。为了确保作品的持久性,建议首选丙烯颜料。在进行布料涂鸦创作时,启发幼儿探索用不同的表现形式进行涂鸦,丰富幼儿的涂鸦经验。

中班 03 松塔涂鸦

变幻无穷的松塔

⭐ **价值经验**

取自自然的涂鸦材料往往更容易激发幼儿无限的创意。孩子们通过玩色、涂刷，将松树上结出的松塔作为涂鸦材料，尝试在立体的、结构较为复杂的物体上进行创作，并在利用废旧自然植物创意玩色的过程中，感受自然之美。

⭐ **工具材料**

⭐ **创意体验**

在纸杯中挤入需要的颜料。

将松塔放入纸杯中蘸取颜料，并使用笔刷进行调整。

也可将2~3种不同颜色的颜料混合，直接浇注在松塔上，将其染色。

将松塔置于通风处晾干。

将松塔用胶固定在瓶盖上。

用毛笔进行涂鸦。

晾干,完成作品。

 画语童言

这像我吃的无花果,里面有细细长长的果肉,酸酸甜甜。

我最爱吃的水果就是菠萝,松塔穿上黄色的衣服,就像菠萝一样。

这是一棵正在睡觉的小松树,睡着时它的叶子会变成深绿色。

这朵花,每一层花瓣的颜色都不一样,不同的颜色有不同的味道,可以吸引不同的蝴蝶和蜜蜂来采蜜。

 观察支持

　　松塔涂鸦过程中,教师可鼓励幼儿大胆玩色,并在调配颜色时,鼓励幼儿发现不同颜色混合后的变化。在熟悉松塔涂鸦后,教师可鼓励幼儿尝试改变游戏材料的固有造型,不受限于单个松塔的形状,可进行剪裁、拼贴等。教师还可以在确保幼儿安全的情况下,准备一些枯树枝、落叶、石头等,鼓励幼儿进行材料的组合,发现更多创意涂鸦玩法。

中班 04　杯子涂鸦

百变杯子

⭐ **价值经验**

生活中随处可见的瓷杯、废旧纸杯，除了用来盛装液体，在孩子们的眼里，还可以用来进行创意涂鸦。在有一定弧度的杯面上进行涂鸦不是易事，从最初慢慢地、轻轻地点缀尝试，到逐渐掌握用笔的方法和力道，幼儿的小肌肉群也在游戏中得到充分的锻炼。在与各种不同材质的废旧杯子的创意碰撞中，孩子尝试用不同方式对单个或几个废旧杯子进行组合装饰。

⭐ **工具材料**

⭐ **创意体验**

选择干净的纸杯。

用牙刷蘸取颜料在纸杯上进行自由涂鸦。

在杯子上刷颜料。

在杯子上进行涂鸦。

 画语童言

我把蓝色的纸杯变成了漂亮的青花瓷，可以插上漂亮的花朵送给我的好朋友。

这是一个用纸杯做的机器人，它在告诉小朋友要爱护环境。

大海里有各种颜色的鱼，还有海马。

杯子上有绿色，喝的水就好像有猕猴桃的味道了。

 观察支持

　　给幼儿留有充足的发挥空间，同时注意观察幼儿操作时的手部动作、双手协调性等。可引导幼儿发挥想象，将纸杯进行组合、改造，改变其原有造型，使其最终呈现更多创意作品。在上色工具的选择上，可以突破常规，尝试不同材料和工具的创意组合。比如在铺色时用牙刷刷出纹理感，用滴管赋予流动性，当然也可以根据自己的想象直接用小笔刷随意涂鸦。

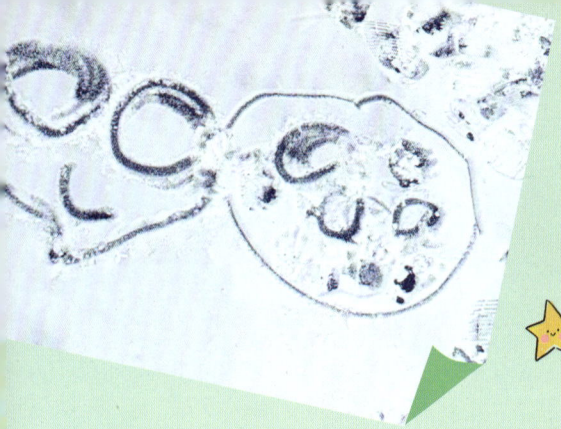

中班 05　雪地涂鸦

雪上的印记

⭐ **价值经验**

　　雪是大自然中一种美丽的自然现象，当雪飘落到地面上形成一定的厚度，就会变成一张天然的画纸。幼儿可以选择喜欢的工具或材料在雪地上进行涂鸦游戏，可以使用粗细不同的木棍或PVC管、长短不同的树枝、铲子或耙子，在雪地上用各种各样的线条和图案进行大胆涂鸦，发挥幼儿的想象力和创造力；可以尝试将几种工具或材料组合在一起，进行雪地涂鸦游戏；还可以用手印或脚印在雪地上进行添画。让幼儿感受大自然的美，产生热爱大自然的情感。

⭐ **工具材料**

⭐ **创意体验**

先用耙子在雪地里涂鸦。　　　　　　再使用PVC管组合涂鸦。

选择自己需要的树枝在雪地里涂鸦。

用积木条在雪地里涂鸦。

用自己的手套,在雪地里进行拓印涂鸦。

 画语童言

房子里住着一个小女孩。下雪了,天气太冷了,小女孩在家里取暖。

小鱼儿在海里游呀游,真愉快!

我在雪地里印出了一个大大的雪花。

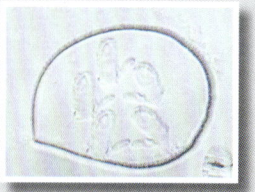
袋子里装着五只手套,好多呀!

我拿着花,带着小兔子在雪地里玩得好开心。

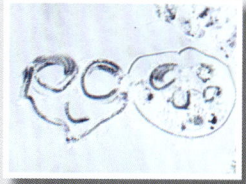
这个心形的夹心饼干和圆形的夹心饼干都是甜甜的牛奶味的。

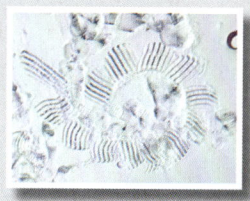
我们家小区的花园里种着向日葵花,冬天不开花,但雪地里的向日葵开花了。

⭐ 观察支持

指导幼儿在雪地涂鸦前,戴上手套、帽子,做好保暖工作;提醒幼儿在雪地涂鸦时要注意安全,注意脚下,站稳后再涂鸦;尽量选择宽阔的场地涂鸦,让幼儿之间保持一定的距离;鼓励幼儿选择自己喜欢的工具或材料进行涂鸦游戏,能够尝试使用多种工具和材料组合涂鸦,大胆创作;鼓励幼儿充分发挥想象力和创造力,感受在雪地涂鸦的乐趣。

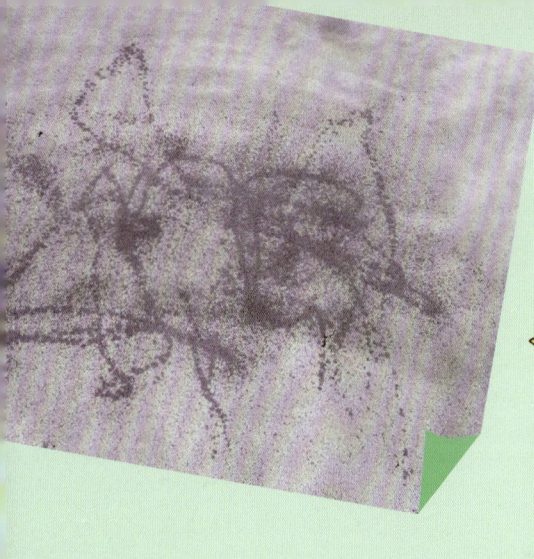

中班 06　清水涂鸦

水的百变造型

⭐ **价值经验**

清水涂鸦不受场地和材料的限制，还可以反复操作。从不同容器中喷出的水流会呈现出不同的涂鸦效果，幼儿可以选择扎好眼儿的矿泉水瓶、弯嘴壶、喷壶等洒水工具。涂鸦的过程中可以描述自己的作品，感受利用清水在地面上涂鸦的乐趣。

⭐ **工具材料**

⭐ **创意体验**

用矿泉水瓶、喷壶、弯嘴等容器将水变成了涂鸦材料。

画语童言

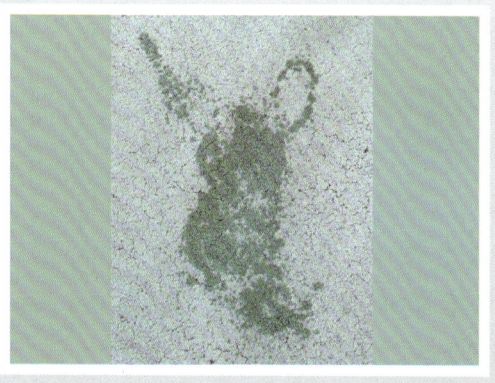

这是我们家养的小兔子,它叫甜甜,有两只长长的耳朵。

这是奶奶家的菜园子,里面有白菜、花生、玉米等。

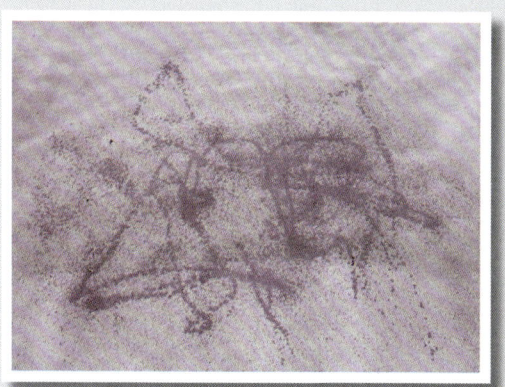

这是我发明的宇宙飞船,它能飞到宇宙中去,还能把宇宙的照片拍下来。

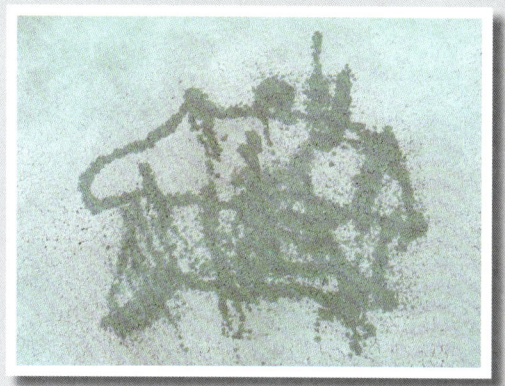

我画的是潜艇,它正在下潜。海底下有很多怪兽,潜艇上有导弹,可以打败它们!

⭐ 观察支持

幼儿在进行清水涂鸦时,水会在一定时间内蒸发,教师要及时拍照留存幼儿的作品。尽可能选择吸水性强且干爽的地面进行清水涂鸦。鼓励幼儿尝试变换洒水动作,感受水流和线条肆意挥洒的乐趣。还可以在户外墙面进行此类涂鸦游戏,也可用刷子、毛笔等材料蘸取清水进行涂鸦。

中班 07 沙池涂鸦

我和沙子做游戏

⭐ **价值经验**

沙子能够用来堆城堡、玩过家家以及进行一些科学的探究游戏。如果有一根小树枝,沙池瞬间就会变成一块巨大的画板。孩子们通过在沙池创作涂鸦作品,锻炼了上肢大肌肉的灵活性与控制能力。如果是在户外,还能够利用阳光、阴影等创造更多惊喜玩法,感受无穷快乐。

⭐ **工具材料**

⭐ **创意体验**

将沙子简单整理平整。

使用树枝在平整的沙子上勾勒,按照自己的想象进行自由涂鸦。

在沙地上画出可爱的表情，再借助阳光形成影子，影子有表情啦！

 画语童言

这是我，我今天扎了两个小辫子，还穿了最喜欢的裙子。

我在幼儿园里看到了向日葵，它里面有很多小格子，妈妈说格子里面有瓜子。

有一个小女孩，她和她的小兔子一起走在街上，她们打算去游乐场玩。

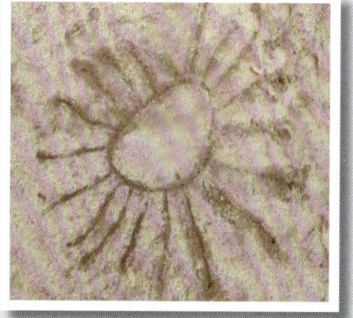

天上有一个大太阳，散发出特别多光亮。

 观察支持

　　引导幼儿探究沙水结合的可能性，鼓励幼儿创作出更为立体的作品。同时应关注游戏的安全性，在涂鸦时提醒幼儿小心抓握树枝，与同伴保持适当距离，以免伤到同伴，不要将沙土扬到空中，避免用沾了沙土的手揉眼睛等。

中班 08 环保袋涂鸦
神奇口袋

⭐ 价值经验

环保袋有许多妙用，收纳是它的主要功能，当它来到小朋友的涂鸦世界，又焕发出了新的精彩。在干净的环保纸袋上，孩子可以用画笔任意勾勒；也可以将已经掌握的晕染技巧应用到无纺布、绸布等不同材质环保袋的涂鸦中，设计出别致而又兼具实用性的艺术作品。涂涂画画间，孩子们对生态、环保、垃圾分类等理念也有了更深入的体验，争做环保小达人。

⭐ 工具材料

⭐ 创意体验

选择干净的环保纸袋。

用水彩笔、拓印工具等自由涂鸦。

 画语童言

有一朵小花，开在雨里，旁边有许多漂亮的小泡泡和它一起做游戏。

一个小姑娘在花园里拿着气球玩，她非常开心。

太阳底下有一个垃圾桶，它在告诉小朋友要垃圾分类。

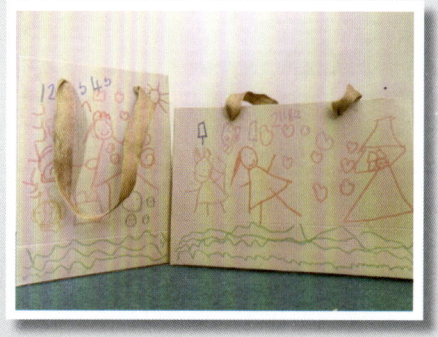

我和好朋友在海边玩，我们吹着爱心泡泡，非常开心。海边还有很多数字小鸟在空中飞，和我们一起玩。

⭐ **观察支持**

活动中可根据环保袋材质的不同，选择搭配不同的工具。如在环保袋的选择上，可以选择白色广告纸袋、牛皮纸袋，也可以选择具有吸水性的废旧布袋，使用装有稀释颜料的小喷壶进行喷绘涂鸦。在为幼儿提供可选择的丰富材料的同时，教师也应当给予幼儿充分的空间，鼓励幼儿自主探索工具、材料的可能组合形式。

中班 09　枯叶涂鸦
叶子的重生

 价值经验

秋天到了，叶子一片片落下来，慢慢地它们会融入泥土中，为明年的新生命积蓄力量。和小朋友一起收集一些枯叶，并进行涂鸦。不同叶子的不同纹路会给予孩子天马行空的创意灵感，无论是拓印、剪贴，还是滴流涂鸦，孩子都能在与枯叶的"对话"中，感受自然之美、创意之趣味。

工具材料

创意体验

按照需要将枯叶剪成合适的大小。　　将剪好的叶子粘贴在画纸上。　　发挥想象，创意涂鸦。

将叶子夹在两张吸水的纸巾中间。

用小石头轻轻地来回在纸巾上敲砸。

叶子被印在纸巾上后,可以继续填画。

 画语童言

下雨了,一只帆船正在向岸边驶去。

这是一片大海,大海里有很多很多小鱼,还有漂亮的珊瑚。

这是三只蝴蝶的故事。有三只美丽的小蝴蝶,它们是好朋友,每天都在一起玩。

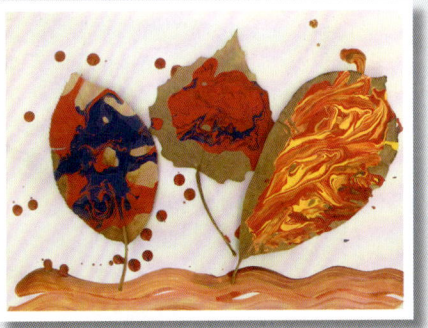

太阳要落山了,天上的晚霞把小船都染红了。

 观察支持

除了在树叶上进行涂色,还可以尝试将树叶拆解重新造型,或利用树叶的纹理进行拓印等。教师要给幼儿充足的想象空间,鼓励幼儿仔细观察,并利用叶子不同的纹理、形状进行创意组合与玩色,将天马行空的故事与自然融为一体。

53

中班 10 抽绳涂鸦
线绳扭扭

 **价值经验**

生活中常见的线绳,在颜料里"洗个澡"后,会在纸上变出什么样的魔术?把线绳随意摆放,用抽拉的方法进行创作,纸张一开一合之间,一个个独一无二的画面令人称奇。操作过程中,培养幼儿的想象力、创造力,让幼儿在色彩和线条的交织中感受涂鸦游戏千变万化的快乐。

 **工具材料**

 创意体验

剪下长度适宜的线绳,将喜欢的颜料刷在线绳上面。

将准备好的画纸对折后展开,把线绳随机摆放在画纸的内侧一面,留出末端线绳,方便抽拉。

画纸合拢,用手按压在画纸上,匀速抽拉线绳,直至线绳从画纸内完全抽离出来。

打开画纸,一幅充满创意的画面出现啦。

 画语童言

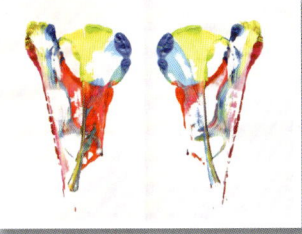
两朵牵牛花是好朋友,它们正在花园里一起玩。

我画了两只漂亮的孔雀。它们有彩色的羽毛,在一起唱歌。

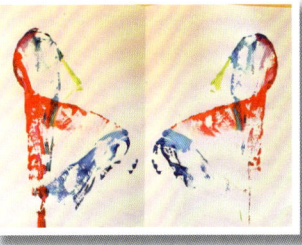
这是冬奥会上的滑雪赛道,运动员马上就要从很高的地方滑下来。

我听了一场音乐会,演奏的乐器有两把大提琴,两支长笛,很好听。

新年不能放烟花,我把烟花变到了画纸上。

 观察支持

　　教师要观察并提醒幼儿抽拉线绳的速度不宜过快,抽拉的角度尽量与纸张保持水平。同时,鼓励幼儿大胆用色,尝试从不同的方向进行抽拉,让幼儿观察不同方向带来的不同作品效果,引导幼儿了解作品中线绳摆放位置和颜料走向之间的关系。对于能力较强的幼儿,可引导其尝试用两根以上的线绳进行操作。另外,毛线、麻绳、丝带等都可以作为创作的原材料,让幼儿体验不同材料带来的不同视觉效果。

大班 01 保鲜膜涂鸦

透明的画布

 价值经验

　　保鲜膜是常见的生活用品，材料比较容易获取，一方面，它的透明性可以呈现很好的涂鸦效果，另一方面保鲜膜质地软薄，能够锻炼幼儿手部肌肉的控制力、灵活性。在涂鸦活动中，教师引导幼儿在保鲜膜上进行涂鸦，鼓励幼儿大胆想象，利用多种工具和材料在保鲜膜上进行创意表现，促进手部动作更加灵活、协调。幼儿通过解读涂鸦作品发展语言表达能力，同时发展发现美、欣赏美的能力。

 工具材料

 创意体验

选择空场地，将保鲜膜缠绕在两棵树之间。　　幼儿自选喜欢的颜色及工具，取适量颜料倒入调色盘中进行涂鸦。　　幼儿合作涂鸦。

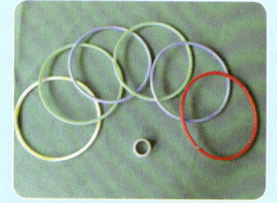 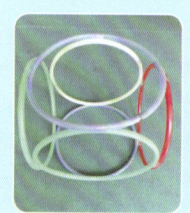 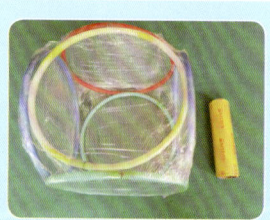 

准备好塑料圈和透明胶带。　　用透明胶带将塑料圈粘好。　　用保鲜膜将6个面缠好。　　多名幼儿同时涂鸦，或者进行连环画式涂鸦。

画语童言

下雨了,很多花花草草、爱心、小菱形都戴着雨帽在外面玩耍。有两朵小花差一点儿摔倒了,黄色和紫色爱心扶起小花,小花说:"我们一起去我家玩吧!"大家说:"好的。"然后它们一起来到小花的家。

一排大公鸡外出去找食。它们排好队伍一起走,生怕谁掉队走丢了。

黑夜里,大怪兽跟在小怪物后面,走在棕色的丛林里,那里一片漆黑。

小章鱼和它的好朋友小乌贼手拉手在大海里向上游。突然遇到了危险,小乌贼就在大海里喷墨保护自己和好朋友,后来它们遇到小黄人救了它们。小黄人带着它们到海面上休息,晒太阳。

⭐ 观察支持

在使用保鲜膜进行创意涂鸦时,重点是保鲜膜的缠绕。初始阶段教师主要观察幼儿缠绕保鲜膜的方法,选择合适的位置缠好保鲜膜。在幼儿自主缠绕时,一定注意引导幼儿轻拉、平展,否则保鲜膜很容易粘到一起无法使用,造成浪费;也可以选择一些较为厚实的保鲜膜。注意引导、鼓励幼儿选择不同的工具进行涂鸦,尝试用画笔、板刷或刷墙用的滚轮,不同的工具会呈现出不同的效果。教师还要观察幼儿使用工具、材料时的熟练程度以及手部动作的灵活性。涂鸦创作时,提醒幼儿注意力度,不可过于用力,防止保鲜膜破损。

大班 02　陶器涂鸦
美丽的花盆

⭐ 价值经验

陶泥、花盆给幼儿带来很多创作的机会，尤其是幼儿园种植角里，多种造型的器皿、图案能够带给幼儿很多灵感。教师可以提供一些纯色、没有图案或纹样的花盆，引导幼儿在上面涂鸦，大胆表达和表现内心的感受，然后在自己的小花盆里种下植物。让幼儿感受美的事物源于生活、用于生活，从而更加愿意从生活中发现美、欣赏美、表现美。

⭐ 工具材料

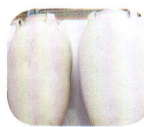     

⭐ 创意体验

将陶罐或花盆移动到自己喜欢的位置。自选喜欢的颜色及工具，取适量颜料倒入调色盘中进行涂鸦。

继续使用时可将器皿涂成白色（或其他纯色）再利用。

 画语童言

天空中出现红色的闪电，闪电里面住着王子和公主，他们正在海边举行婚礼。

这是两个好朋友的爱心小花盆。一颗心抱着另一颗，它们在一起很快乐。

三个小爱心手拉手一起出去玩，它们走在红色土地上，蹦蹦跳跳的。

这是一条跃出水面的龙，它瞪着大眼睛，张着大嘴，好像很生气的样子！

 观察支持

陶器涂鸦过程中注意引导幼儿做好安全防护，确保器皿的稳定性。陶器可以用不同的刷子进行涂色，也可以用蜡笔等进行涂鸦，还可以准备一些喷壶、长杆笔刷，采用喷涂或敲画的方式进行。在材料选择上，鼓励幼儿收集一些其他的轻型易粘贴的材料，如花瓣、叶子、纽扣、花布等。选择器皿时需要注意选择未挂釉面的，器皿可以重复使用，再利用时可涂上覆盖能力较强的色彩，以便幼儿再次使用。

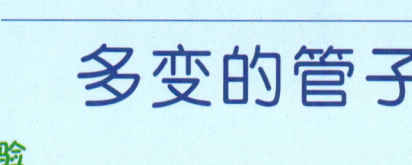

大班 03　PVC管涂鸦
多变的管子

⭐ 价值经验

用于建筑的PVC管也可以作为幼儿涂鸦的创意材料之一。PVC管在创作时可变性很强，可拼搭、可探究，亦可涂鸦。可以引导幼儿拼接后进行涂鸦，将管子变成"长颈鹿""大象鼻子""机器人"等；引导幼儿利用PVC管装饰物品后涂鸦，可以让被装饰的物品变得生动有趣；幼儿也可以用马克笔在管子上直接涂鸦，创造有趣的涂鸦故事，让PVC管变成可用、可观赏的艺术品，在PVC管上涂鸦可以让幼儿无限的想象得以展现。

⭐ 工具材料

⭐ 创意体验

在室内操作桌上选择大小适宜的PVC管。

用马克笔在管上涂鸦。

将颜料装入可直接挤出的分装瓶中，贴着管壁挤出颜料后，再将PVC管横向或纵向放置，或用刷子涂鸦。

将PVC管插入泥土或沙池中固定，幼儿在管上涂鸦。

画语童言

　　一架彩虹在遛弯,它觉得自己太胖了,跳下水里去游泳,它游啊游啊,游到了青树岛。它看见一只藏起来的松鼠往它身上吐口水,它晕倒了,因为口水里有毒。

　　纽扣双胞胎出去玩,遇上了三辆小汽车。过马路时遇见了7个小朋友,它们都在过马路,但是谁也过不去。双胞胎后来成功把车子和行人分离开,一边行人、一边车,大家安全通过。

　　小朋友在森林里走着,看见前面有一条小路,想走过去找她的好朋友一起玩。

　　大姐姐、小姐姐、妹妹在一起跳绳,跳着跳着她们喜欢上了跳绳,一直跳到1000个。跳的辫子都飞起来了。

　　一些小朋友被跳绳绊倒了,小妹妹想及时拉住这些小朋友,结果也摔倒了。大姐姐赶紧去拉自己的小妹妹。

⭐ 观察支持

　　注意根据PVC管粗细、长短的不同,分别投放在室内或室外的涂鸦区域。在室内进行涂鸦时,可重点引导幼儿利用多种材料、不同方式如拼贴、滴流、涂鸦等,开展游戏活动,注意管子两端的安全问题;在室外进行PVC管涂鸦时,可为幼儿提供大刷、滚刷、PVC管胶等工具材料,引导幼儿自行搭建后再进行涂鸦。

大班 04 梳子涂鸦
梳子变变变

 价值经验

梳子是幼儿生活中常见的物品，使用梳子搭配颜料进行创意涂鸦，会呈现意想不到的艺术效果。《指南》要求，引导幼儿乐于发现和收集美的物品，用多种工具、材料或不同的表现手法表达自己的感受和想象，梳子恰好符合这样的特点。梳子涂鸦，不仅让幼儿知道梳子可以做生活用品，同时也让幼儿发现梳子还能作为一种好玩的涂鸦工具。引导幼儿大胆地进行表现，展示生活中的美。

 工具材料

 创意体验

	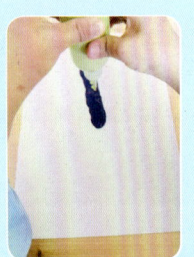		
准备好材料。	分别纵向挤出两种颜色的颜料。	用梳子在两种颜色的中间分别向两侧梳开。	用梳子从上向下竖着梳下来。

选好颜料和梳子。	将颜料分散地滴在纸面上。	色点分布可以均匀一些，也可以适当重叠。	用梳子从一端上下拉动呈锯齿状向前推。

选好颜料和梳子。　　将颜料横着按顺序滴。　　用梳子从上到下梳过颜料。　　竖着梳好后再从对角梳。

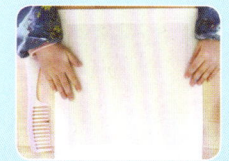  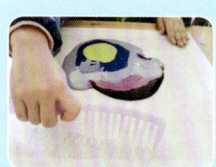 

准备材料。　　将颜料从中心以画圈式挤出。　　用梳子从上到下梳。　　竖着梳好后再从对角梳或从中心定点画圆旋转梳。

画语童言

这是一片羽毛，它飞到了天上，然后又飘落下来。

这是一座座山峰，山峰中卧着一只孔雀。

开满黄色花的泥土地里有只小刺猬正在睡觉，它被飘下来的大雨吵醒了，正在找地方避雨。

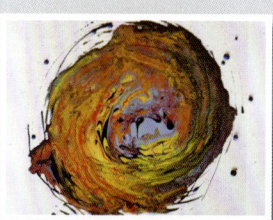

这是一个漩涡，正在不停地旋转，要把人吞没了。漩涡的中间是蓝色的大海，有一个被卷进漩涡中的人在大喊救命，一艘小船从远处漂来，救了这个人。

 观察支持

　　梳子涂鸦的重点是颜料的混合方式和梳子齿缝的宽度对涂鸦效果的影响。在混合颜料时，颜料不宜过于浓稠，太过浓稠不宜调和在一起，缺少流动的效果，但也不能太稀如水一样，颜色容易混在一起分辨不出，所以指导幼儿调和颜料时，以调和到还能流动为佳；选择梳子时注意，梳子齿面要平，不要有弧度，梳子齿不能过密，如果太密，梳子划过的地方颜料会完全融合在一起，比较适宜的齿距为1厘米左右，同时也要根据颜料的浓稠度来选择梳子；梳子的划过方式注意要顺着一个方向，单向划过，切忌原路返回式地来回划，可以从上到下，从对角到对角，如圆规般定点画圆。

大班 05 蛋糕盒涂鸦

漂亮的蛋糕盒

⭐ 价值经验

蛋糕盒是生活中常见的材料,有透明塑料、纸盒等不同材质。这些材料都可以用来涂鸦创作,让孩子感受在不同材质上涂鸦的乐趣,让无限的创意处处生花,让孩子敢于大胆地发挥想象力进行创意表达。

⭐ 工具材料

⭐ 创意体验

选好蛋糕盒。

在蛋糕盒上进行滴流涂鸦。

幼儿自选喜欢的颜色及工具,取适量颜料倒入调色盘中进行涂鸦。

增加材料，进行搭配创作。

 画语童言

小朋友带着红色气球去参加好朋友的生日会。天上飘着五颜六色的云，她开心地走着，小鸟也唱着歌跟着她。

这是我给好朋友的一份礼物——一座城堡。城堡建在大树旁，好朋友可以随时爬到树上看风景。

沙滩上有许多穿着不同衣服的小孩在搭沙堡，突然有条大鱼跳出水面又跳回水里，小朋友们惊呆了，可再看水面时只剩下了泡泡。

一只大鸵鸟正在低头寻找食物，突然不知道是什么东西掉在了它的身上，使它浑身湿漉漉的。它伸着脖子回头看看自己的身体，气得冒烟了。

 观察支持

蛋糕盒涂鸦时，引导幼儿将蛋糕盒底座、盖子、四周的盒子分开涂鸦，每一个面都有不同的展示形式，丰富多样。注意挑选不同大小、不同款式的蛋糕盒，根据蛋糕盒不同的样子引导幼儿进行多种尝试；幼儿涂鸦过程中，鼓励幼儿大胆表现；涂鸦结束时，重点倾听幼儿的涂鸦故事，了解幼儿涂鸦时的心理语言。

大班 06　石头涂鸦

好玩的石头

⭐ 价值经验

　　大大小小的石头，蕴含着丰富的教育内容。通过收集各种各样的石头，能够为幼儿创作石头涂鸦作品提供源源不断的创作素材。根据石头的形状、色彩与纹理，用一支支神奇的画笔，一盒盒彩色的颜料，把一块块石头创作成鲜活的图画、美味的水果、太阳、小鱼儿……想象每一块石头像什么，可以创作成什么，大大发展了孩子的想象力、观察力和创造力。

⭐ 工具材料

⭐ 创意体验

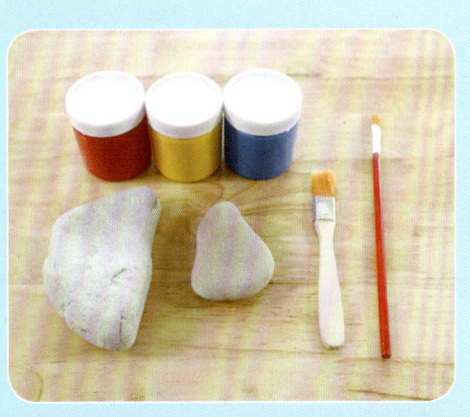

选择所需的材料和工具。

涂完底色后进行涂鸦。

石头涂鸦作品展示。

画语童言

夏天的太阳，很热很热。

海里的鱼不停地游来游去。

这是我送给小蜗牛的石头房子。

大海里有一只鱼叫点点，是我在石头上画的，也可以叫石头鱼。石头鱼吐出来的泡泡像点点。

 观察支持

　　教师要提供多种可供幼儿选择和尝试的涂鸦工具和材料，注意观察幼儿使用工具和材料的情况。将收集的石头清理后再投入使用；由于石头都是立体的，教师要提醒幼儿把石头放平再进行涂鸦。

大班 07 玻璃涂鸦

奇妙的玻璃

⭐ **价值经验**

玻璃是幼儿生活中经常可以接触到的,比如家里的玻璃窗,玩具店里的玻璃门,幼儿园的玻璃走廊。合理利用玻璃,指导幼儿在透明的玻璃上进行涂鸦,会给幼儿带来很多乐趣。孩子会发现,在玻璃上的涂鸦体验,有别于在纸面上、墙面上的涂鸦体验。可以用彩笔、马克笔、水彩、水粉、丙烯等涂鸦,不同的工具或颜料在玻璃上会呈现出不同的效果。

⭐ **工具材料**

⭐ **创意体验**

在玻璃上进行无主题涂鸦活动。

 画语童言

美丽的海底世界里有好多我喜欢的小动物,有可爱的海星、漂亮的小鱼,还有水母。

水母和螃蟹在大海里是好朋友。

海底里有很多不同样子的小鱼,你看它们在一起多开心。

海豚和大海是好朋友,在海底里有海豚和鱼儿的家,还有闪闪发光的宝石。

观察支持

玻璃涂鸦活动建议幼儿合作完成。玻璃可用透明的亚克力板代替。涂鸦可以是有主题的,也可以是无主题的。由于玻璃表面较光滑,教师要注意观察,适时引导幼儿使用工具,以免影响整体涂鸦作品的效果。

大班 08 伞的涂鸦

漂亮的伞

⭐ 价值经验

伞是幼儿生活中常见的物品，下雨天会打伞，天热的时候也会打伞。运用多种色彩在伞面上进行涂鸦，不仅让幼儿体验了涂鸦的乐趣，同时也提高了幼儿的涂鸦技能。伞面涂鸦不同于纸面涂鸦，幼儿在涂鸦过程中需要旋转伞面，可以用排笔、排刷，也可以使用滴流涂鸦的方式进行创作。

⭐ 工具材料

⭐ 创意体验

幼儿可独立完成或者合作完成涂鸦。

画语童言

我家楼下的风景可真美呀!

春天来了,蜗牛妈妈带着蜗牛宝宝在草地上找吃的东西。

我家鱼缸里的小鱼们经常围成一个圈圈做游戏。

这是美丽的花蝴蝶雨伞。

⭐ 观察支持

在进行伞的涂鸦活动前,教师要准备好废报纸、地垫等物品,以免颜料洒在桌子上或者地面上。教师要注意观察和倾听幼儿对涂鸦作品的解读。伞也可以用风筝、小扇子等具有中国传统文化特色的材料替代。

大班 09　贝壳涂鸦
有趣的贝壳

⭐ 价值经验

广袤的海洋里，贝壳随着涌动的海浪一起来到沙滩上，那是大自然的馈赠。贝壳对幼儿来说并不陌生，我们常常能够在海边见到各种各样的贝壳。在清洗好的贝壳上涂鸦，根据贝壳的纹路，幼儿选用彩笔、排笔、马克笔进行图案装饰，贝壳就会变成一件件精美的艺术品。

⭐ 工具材料

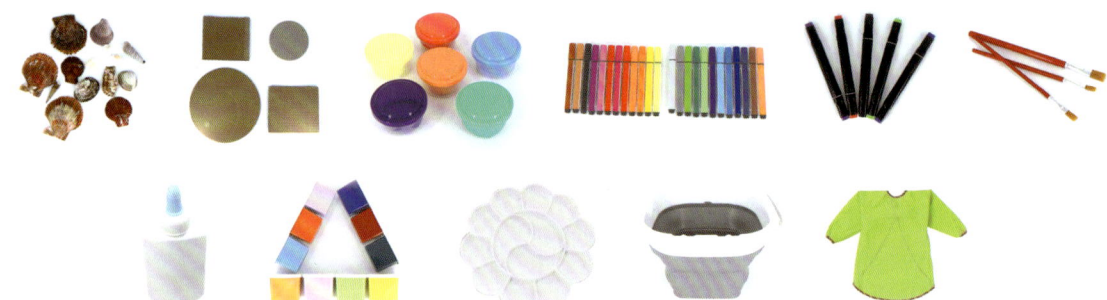

⭐ 创意体验

自主选择所需的材料和工具进行涂鸦。

画语童言

蜗牛妈妈和蜗牛宝宝一起在草地上看蓝蓝的天和白白的云。等周末我也想和妈妈一起去看蓝天白云。

这是我设计的海底世界，欢迎小朋友们到这里和我一起玩，一起去发现更多的秘密。

今天是个好天气。你看到了吗？草丛里的花都开了，有红的、紫的。

闷热的夏天，有时微风吹过，公园里的小花随着风儿来回摆动。

观察支持

将幼儿收集来的贝壳刷洗晾干后再投入使用，不建议使用边缘不光滑的贝壳。可以将不同贝壳组合在一起进行涂鸦，也可以将贝壳与其他辅助材料组合进行涂鸦。

©赵宇　2022

图书在版编目（CIP）数据

幼儿园涂鸦活动指导 / 王秋霞，宋清豪主编 . -- 大连：辽宁师范大学出版社，2022.12
（幼儿园教师实践能力指导与培训丛书 / 赵宇主编）
ISBN 978-7-5652-3661-7

Ⅰ . ①幼… Ⅱ . ①王… ②宋… Ⅲ . ①图画课—学前教育—教学参考资料 Ⅳ . ① G613.6

中国版本图书馆 CIP 数据核字 (2021) 第 262717 号

You'eryuan Tuya Huodong Zhidao
幼儿园涂鸦活动指导

出 版 人：王　星
责任编辑：刘臣臣
责任校对：孙晓艳
装帧设计：周佰惠

出 版 者：辽宁师范大学出版社
地　　址：大连市黄河路 850 号
网　　址：http://www.lnnup.net
　　　　　http://www.press.lnnu.edu.cn
邮　　编：116029
营销电话：（0411）84206854　84215261　82159912（教材）
印 刷 者：大连图腾彩色印刷有限公司
发 行 者：辽宁师范大学出版社

幅面尺寸：185mm×260mm
印　　张：5
字　　数：80 千字

出版时间：2022 年 12 月第 1 版
印刷时间：2022 年 12 月第 1 次印刷
书　　号：ISBN 978-7-5652-3661-7

定　　价：25.00 元